胖人在洛杉矶
(我是吗？)

I0081176

摄影: Inez Lewis Photography 创意总监: Munirah Terrell
designsbymunirah@gmail.com
化妆: Black Brilliance Beauty Blackbrilliance1@gmail.com
编辑: Steve Robinson

内容

这本书是献给我的父亲 Dr. Artis Tawheed 和我的母亲，Ruth Eleanor Smith Terrell，死于她有胰腺癌。

胰腺癌事实*

估计 46420 美国人将被诊断与在美国胰腺癌，并在 39590 从疾病就会死亡。
胰腺癌是它生存并没有显着提高了近 40 年来为数不多的癌症之一。
•胰腺癌是领先的癌症相关死亡的原因在美国的第 4 位。
•胰腺癌具有最高的死亡率所有主要癌症。胰腺癌患者的 94％，将在五年内诊断死亡 - 只有 6％将生存五年以上。 74％的病人诊断的第一年之内死亡。
•确诊后的平均寿命只有三到六个月。
对于患胰腺癌几个危险因素限定。疾病，吸烟，年龄，和糖尿病的家族史危险因素。
•胰腺癌可能导致只有模糊的症状可能表明腹部或胃肠道内的许多不同的条件。症状包括疼痛（通常腹部或背部疼痛），体重减轻，黄疸（皮肤和眼睛发黄），食欲不振，恶心的损失，在粪便变化，和糖尿病。

用于胰腺癌的治疗选择是有限的。手术切除肿瘤是可能在诊断患有胰腺癌患者低于 20％。
化疗与放疗通常提供给患者的肿瘤无法手术切除。
•胰腺癌是癌症死亡的首要原因，主要是因为没有检测工具来诊断疾病在其早期阶段，当手术切除肿瘤的仍然是可能的。

(从 www.pancan.org)

巨蟹座是采取了无数的生命祸患。没有癌症比另一个更为重要。我希望有一天会有所有癌症治愈。

# 1
## 好莱坞大道：不要回头

我知道你们都在想什么。她发疯了。她为什么要出门只穿比基尼？我懂了，特别是在好莱坞城市，因为最重要的是一个女人的衣服尺寸。肥胖的妇女常常忽视。

我不想隐瞒。我长大到现在一直有很大的性格。我的父母灌输给我自己，家庭和社区的热爱。

然而，像许多其他的女人，我20几岁的时候，我开始体验到的一个很有自由的生活。我喜欢阅读，我爱音乐，我喜欢跳舞。我喜欢与人交往，各种各样的人。今天，我非常自信。

不要误会我的意思。该东西的人都对我说，在我一生，包括他们没想到我听到的东西，都影响了我。我知道我的大小是不自然的。我知道，根据卫生和人类服务的美国能源部，黑人妇女有肥胖在美国的最高速率。我知道肥胖会导致疾病，可以杀了我。

我知道胖不是健康的。但是，你知道还有什么不是健康吗？对肥胖病人在南加州不礼貌。让我来解释。很多时候，我的体重成为人们关注的焦点。我跟一个人说话的时候，我知道他们不看我眼睛。可悲的是女性，大乳房是很重要的。例如，女士们，如果你有大乳房有多少次你有一个人的注意力转向你的眼睛，而不是你的乳房？你是一个"胸部有一个声音"，而不是"声音有胸部的"！

同样，即使我是一个充满激情和创造性的艺术家，我忽略了，因为我胖。胖的意思是我很沮丧，我没有什么能给别人除了告诉人怎么去最好的餐厅。

这些东西都不是真实的，你需要了解我。不幸的是，很多人并不想认识我。你现在明白了。

所以，有一句话，"如果你不能打败他们，就加入他们。"我有一个名字，一个地址和一个Instagram的。"你好，我的名字是阿曼尼。这是我的女朋友，脂肪在洛杉矶。她将参加我们今天的。试着不理她。

我做的。"我不得不阻止她，她是坏了我的生活。我不知道在我的生活中的人看到她，还是我和他们是谁吸引？我将如何让世人知道我存在？我的朋友和家人知道我是谁，他们爱我。但是，对我来说，没有指望。怎么样谁甚至没有意识到我存在的人呢？

有多少其他女人不可能成为自己？我有一个美满的家庭，他们给了我爱和钦佩。我需要他们的支持。但也有很多女性没有一个支持网络并不能阻止害怕？我需要时间和勇气让我有自由。时间到了，我要勇敢！

够了！我想让全世界都知道我是谁也谈论了所有妇女的身体形象。

怎么会呢？

虽然这些思想深处是，我已经认识多年我身边的人开始重申我的一些事，我就已经意识到了多年。这是一个事实，对他们来说，我总是一个很自信的人。他们所不知道的是他们已经认识了完整的升级 14.0 新的 Amani。他们没有看到 Amani 的细分操作系统，很多时候，失败了。我一直自信和虚张声势的支柱。

与我的新的信心，害怕接近的人，问什么我想要变得不那么难。现在不是一个障碍。是的，现在我对我自己的看法就很满意了。

我知道我要做的事情。我不得不做一些大事情。我将不得不打破的舒适硬皮外壳，把我所有的筹码放在桌子上。
我联系了我的本地新闻台，一头栽在我的顶想法给他们。老实说，我没有任何期待。我联系了我的本地新闻台，并告诉他们我的想法。老实说，我没有任何期待。我知道住在南加州的大都市圈，他们每天都会接到大概成千上万的电子邮件。可是在电视上会帮我说我传递的信息。

最终，新闻台联系我了。我感到惊喜。我很惊讶！在所有的电子邮件，他们每天收到的，他们与我联系。事情肯定开始变得更好。

"这真的会发生，"我对自己说。随后记者联系了我，我答应了时间和地点。现在，它是所有关于灯光，摄影机，行动起来吧！

我给我化妆师朋友打电话从 Black Brilliance 告诉了她要来给我化妆。然后，我去买比基尼。很多人问我，"你为什么要穿比基尼？"是因为我要给人看看。裸体是最有自由的体验。这是解放和透明度的这样一个强大的表达式，因为没有什么可以躲在后面。人们看到你你到底是谁。有没有 SPANX，还是超大的衣服掩盖你。它只是你和你周围的空白区域。虽然我知道这是一个非常危险的许多人可能只是看到一个胖女人走在街上穿比基尼。我想让他们看到有这么多。
在一天，我们同意的时候，我听到了敲门声。这是我的化妆师。她化妆化得好。我的朋友们会说："我的脸被打神！"我的头发是准备好了，我的妆是对的，现在我所要做的就是把我的比基尼。穿比基尼很有自由。

我站在外面穿比基尼的时候，我打算给大家看我。我意识到，我穿着极为暴露，但奇怪的是我从来不觉得自我意识。

当我走在街上有一个建筑队外出打工。他们修在路边的东西停下来看着我。我想象他们大多认为同样的事情，"为什么她走在街上穿比基尼这么早？"

有些人笑了，别人看着震惊。但他们都看着我。我也没在意。我在那一刻感受到的感激之情浓浓，因为我知道他们实际看到的东西很特别的事就要发生。
我很喜欢这一点。

从当地新闻台的记者联系我（别问我，我把手机放在哪），并问我，如果我有一个长袍。我告诉她，我已经在我的公寓大楼前，穿比基尼。
她开始笑，我立刻知道，她以为我疯了。也许我是。也许我疯了，让人们开始看到我，一个自信的女人。

她问我是否有任何其他的衣服穿，所以我拿了我的紫色夹克和锻炼卡普里裤，前往好莱坞大道，当我到了那里，记者和她的制片人/摄影师准备好了。他们不知道，我已经下定了决心，这是一个任务比它是娱乐的行为。我不得不这样做。我已经认识了太多不自信的瘦和胖女人。

好莱坞大道是一条街在好莱坞，加州有好莱坞明星在上面。还有世界著名的 Grumman's Chinese Theater, Dolby Theater (有奥斯卡颁奖典礼), El Capitan Theater (有迪斯尼的电影) 和许多旅游景点。来自世界各地的人们每天来这条街上拍照，或坐游览车。

这是我做了我大揭秘。在一天中，有摄像头拍摄，我脱下外套和锻炼卡普里裤。我只是穿着非常丰富多彩的比基尼，一双夹脚拖鞋和一个微笑。我的肾上腺素是超速。我想象这是什么样子在舞台上行走接受最佳女主角奥斯卡奖。我立刻注意到人们开始注意到了我。记者告诉我，开始走在拥挤的街道，并与我看到的人进行互动。我不胜感激。接下来发生的事情就像电影一样。

当我开始与不同的人交流，很多的人开始拿出自己的相机和胶卷我。我问一个人，如果他可以通过消息进行拍摄。他拒绝了我的要求，但继续拍我。一个女人，我的尺寸，走过我，她的脸上一脸的厌恶。我继续走在街上，因为没有关系。我强迫她看着我，甚至她自己说，她显然还没有准备好。当我回圈和周围再次通过她，她说，"你真勇敢。"

我继续通过人民群众走，他们拍了我的照片，我飞吻对公交车的游客。我觉得大胆而勇敢的与新闻工作人员鼓励我。我周围的人开始驻足凝视。他们知道有事了因为有那么多的摄像机，但他们根本不知道是什么！

我非常清楚发生了什么事情的。在这里，我是一个自信，胖女人走在世界上最著名的街道之一，数百名陌生人的看着我。我知道我在做正确的事情。很多年以前，我已经变得舒适。我是不以为耻我自己的身体了。但是，这一走，不只是为了我。这是为了我经过和厌恶的看着我，然后告诉我，我是勇敢的那个女人。

也许有人被我的简单动作授权。也许有人像她一样回家看看自己的身体然后给他自信一点。也许她会看着我，说："如果她能做得到，我也能做得到。"

也许我可以影响到她自己的自尊，然后她能给让别人自信，等等。也许，看到我那么发疯了和自由以后，她回家重新考虑她为什么看着我，决定只要当你自己。不管它可能是，我真诚地希望那一天，我是在于正确的人需要的药品。

当然，有几个差评。我在好莱坞穿比基尼走在街上。但是，你知道吗？这是所有好！有一个非常好的人要给我一块钱给他跳舞一下。

"你很性感，"他说。

"这将花费你不到一美元多"，我开玩笑地说，并不停地走路。

一个出租车司机停止了他的出租车，从车上下来，开始在我歇斯底里地大笑起来。很多男人开始录制我。我知道他们喜欢他们所看到的，即使很多人永远不会承认。在我们的形象痴迷的社会中，妇女是最喜欢的受害者。男人有时候也有同感。一个男人的腰围尺寸跟一个女人的没有那么审查。需要一个非常自信的男人去反对这相当于美与瘦弱社会的潮流。我理解也不能指望他们比女人强。

我也意识到，很多人认为一个黑胖女人很像电影里的一个演员，叫Precious。我收到了很多批评，说我跟她看起来一样。我认为是一个非常不友好的评论。

但是，因为我感觉很好，我心想："是的，我非常宝贵。我是罕见的。"

当我继续走好莱坞大道，人们开始离开他们的商店走出来，看到我在做什么。

最后，我认为，人们开始明白。他们从来没有见过一个女人，一个被边缘化的少数超重的女人走一个公共街道只穿着比基尼。我知道我是一个冲击到他们的系统，我不得不承认，我很喜欢！

当然，这是英雄主义地说，我这样做完全是为了别人的利益。老实说，在大多数情况下，是因为这个。我可以很容易地在一周的每一天走拥挤的街道上穿比基尼。在这整个项目，我从来没有任何借口关我的尺寸，我也没有伤害没有我一样的女性体质。我知道我需要减肥，但我很舒服。不要误会我的意思，我是舒服，我的自满是互斥彼此。

如果你是年轻或年长，男性或女性;你在自信点开始。爱自己就让你提高自己。变化可能是一件好事，只要是对这种变化的动力来自一个地方的平衡和整体性的。

如果我不爱自己我从来不会穿比基尼走路。爱自己永远是最好的地方开始。如果你不爱自己，你会继续与痛苦和失败奋斗。但是，通过爱自己第一次失败不再成为一堵墙。它只是成为你知道你可以克服的一道坎。

我没有在好莱坞大道开始，没有新闻工作人员和成千上万的陌生人视频摄像机。这是完全相反，我以前恨我自己。

2
造反的

我在双亲家庭中长大。每个人我知道有一个母亲和一个父亲。我所有的朋友在中产阶级长大。我们都年轻的时候上私立学校。很多人的父母是专业人，但每天去学校接孩子。其实我的母亲跟我和我姐姐留在家里才我妹妹上了一年级，以后她就工作了。

这是可悲的说，但长大像这样把我放在广场上两人经常相互竞争的世界的中间。全黑的孩子不到 50% 住在双亲家庭。只有我们黑小孩子能参加很多活动，比如滑冰或游泳。同样，我想有很多的经验我不能做。

我在 Inglewood，加州长大到 10 岁。当时从我市最大的出口是 Los Angeles Lakers 的篮球队，比赛从我们家不太远。很多城市位于洛杉矶国际机场着陆模式下。要看你住在这哪里总是有飞机降落或起飞的噪音。

种族来说 Inglewood 正经历从一个主要白人，工人阶级郊区到黑人城市的一大转变。不超过 20 年前 Inglewood 被称为一个全白的人的城市。人们都知道黑人太阳下山之前，不得不离开城市的边界。时代不一样了，有小部分人还有有这种想法，但他们是少数。而且他们都老了。

当我 10 岁的时候，我们搬到了一个城市叫 Gardena. Inglewood 的人口大概 110,000，Gardena 的人口有 80,000。在南加州，感觉是我们住在一个很小的岛。然而这个城市会保持我的家很多年了。由于其亲近我们仍然在 Inglewood 上过学。这是一件好事，因为我们是非常接近我妈的工作，这让她舒服很多。

我的母亲在 Inglewood 警察局工作了。当她还是一个小女孩她的家人移民来从 Bunkie，路易斯安那州。像大多数南方人，他们工作努力，有保守的家庭价值观和强大的支持网络。外地人不那么接受，要看你有什么东西或者你做了什么。每个星期天，教堂后，他们也很喜欢吃饭，因为他们说："坚持你的肋骨"。

我的父亲在一个良好的基督教家庭长大。当他成为一名少年，因为许多年轻人在他那一代一样，他选择了一个困难的学校，因为它是危险的。因此，他变得非常明智的街道和坚韧。但随着年龄的增长，他开始看到，很多奋斗的是缺乏教育的直接结果。因此，他知道教育是非常重要的。他总是告诉我他的经验该做什么和不该做什么，当我老了，我发现他的见解非常宝贵的。

一个家庭的朋友给我妈妈爸爸介绍了。在我母亲的身边，我们必须要取得成功，明白家庭是非常重要的，和我爸爸的身边，我有纪律，爱和承诺到更高的事业打入我。在我家，你知道什么是重要的。我的母亲强调，获得教育和大专学历。她的信念是，一旦你有一个大学学位你的生活会很容易地更好。我爸爸叫我们去上学，学会创造我们自己的工作。这种自由是无价的。

我上的幼儿园是在私立学校。在一所学校，我们穿有黄色和白色线条和白色上衣棕色裙子。学校的名字是 K. Anthony，是完全黑人。在那里，我们有一个严谨的学术课程。我真喜欢那所学校。在那些日子里，学生跟我开玩笑了，说我的腿并不像一些其他女孩一样瘦。

我不太明白，无疑会让我恨我自己。

这是很容易没想到戏弄，年轻的孩子会经常做的类型。我校校长 Johnson 先生，总是告诉我，要骄傲自己。小孩子跟我开玩笑没给我很大的影响，但让我看自己就不太满意了。为什么我的腿比别人的大？

6 年级毕业后，我的父母希望我去一所学校，这是多种族的。他们告诉我：“这个世界不是黑的，你应该骄傲自己也对不同的文化有兴趣。他们还是要我上私立学校。现在的问题是在哪里学校。

现在妈妈已经工作了。她认识的牧师。他的名字是父亲 Paul。他告诉她这里的附近有一所好学校叫 St. John Chrysostom。他说，这是一个很好的学校也推荐我妈让我在那上学。

所以，你想一想我在那里学习？

我是在七年级时，我开始在 St. John's 上学。那时候，孩子们就开始认为他们比大人知道得多。我也变成了这样的孩子。在我心中，我知道什么是最适合我的。有人说不同的，好了，说我不喜欢它就不对。我不但不喜欢任何权威人物，我讨厌权威。我想原因是因为我的家庭生活非常结构化的。我觉得我不能认识我自己如果我没有权威人士告诉我，我就错了。掌管我生命的人阻止我，所有的青少年要自由。另外，我是一个十几岁的青少年，当然，在这个年龄没有完整的知识话题。

我的母亲很开心因为我上的新学校从她的办公室几分钟。她想知道，她可以很快到我的学校。她也可以让她的官员朋友过去，所以确保我们是安全的。

所以，用这种非常不健康的态度，我上了一个崭新的学校。绝大多数学生在我的学校都是黑人或拉丁美洲人。大家都非常好的也接受了我，除了一些修女。他们有一些人不怎么友好，但我认为他们必须这样，因为是一个规则。而且他们不允许化妆，让他们更愤怒。

我们的制服包括一件蓝色裙子和一件白色衬衫。裙子扩展了我们的膝盖以下。女孩都穿着白色及膝袜。我们上体育课的时候能穿不同的衣服。我们被允许穿短裤，即使它不是强制性的。

我们每天都上了好几节课。我年轻的时候我不好意思穿裙子。在我的其他学校所使用的一些孩子取笑我，因为我的腿很大。

他们让我觉得我比其他女孩不一样。对一个年轻的女孩就觉得你适合是非常重要的。由于我的腿在早年大小的意见，我成立了一个方法来帮助我的疼痛。我开始试图隐藏我的腿大。我觉得我是不同的。在我的新学校没有其他孩子取笑我。他们只是看到我，Amani，一个正常学生。我在那里从来不觉得难为情我的腿。

但他们不知道的是，我对权威人物没有耐心。我不想让任何人告诉我任何事情。我需要的是自由，不受别人告诉我该怎么做。我一直有一个人告诉我："你应该这样做"，或者"你应该那样做。"我的家人没有发现。但是，所有的压力伤害我。我没有兴趣听任何人说的话。我想一个人呆着。

当我在中学时，我很叛逆。

我的父母收到了我的愤怒。如果迈克尔·杰克逊来问我"谁是坏？"我会一直说，"我的！"我的父母都不了解我。他们没有帮助我，所以我想他们不关心。所以，你猜看呢？如果他们不关心，我也没在意。

这让我更讨厌权威人物。我破了，我不得不把责任都推放在别人。没有办法，我可以看到，还是被说服，我是任何此类的原因。必须是别人的错。

我对所有的老师不礼貌。我不在乎了。如果他们要我做任何事情，我就不做了。我没有做我的功课，失败的测试，对我的同学不礼貌的。

有一位老师叫 Patricia Francis，她有一天跟我说话了。我是在七年级。只有她不怕我和我的态度。她知道我是从哪里来的什么类型的家庭，知道卓越的教育对父亲是非常重要的。然后她说了一句话我到今天还记得。"如果你不在乎，你就不会毕业。" 如果我没有毕业的话，生活会很难过。我怎么能看着我的家人，说我没有毕业的原因是因为我讨厌权威？我父亲不会了解也会让我的母亲很伤心。而且我跟我的同学会说什么？我不会让这种情况发生。我自己内心的恶魔们现在也开始用我的生命来干涉，我不希望出现这种情况。

我又开始学习。我开始尊重人然后差点在我班上的第一名毕业了。我不能再生气。我知道，我不能对权力的人愤怒，我要成功。这是我最好的成功故事。但，在我的前面会很难过。这将是一个奇迹，让我通过。事实,仍然困扰着我。高中。

3

难看死了

这一年是 1995 年。O.J. Simpson 被判无罪谋杀他的妻子。Magic Johnson 已染上了艾滋病毒。最重要的是，我开始上高中。

要上高中很可怕的。我 180 斤，年轻，易受影响，但还不太认识我自己。在我八年级，我开始认真得学习，我也被授予售价$ 400 美元的奖学金买让我买书。奖学金是为学校隔壁叫 St. Mary's Academy。我很幸运，我的父母有能力支付我的高中教育，因此我没有用我的奖学金。

St. Mary's Academy 是一所有女孩天主教高中有悠久的历史。学校始建于 1889 年，是洛杉矶的私立所有女孩最长时间。重点是教导年轻女性成为领导者，而不是追随者。他们与大部分毕业生会到四年制大学，并进一步研究生工作的高度毕业率。（去那里最令人激动的部分是颜色编码类的关系，每个学生都得穿。这领带成为您的身份。这就是你提到彼此，尤其是在毕业后以后的岁月里，我是，而且将永远是，一个红色领带！）

当然，与大多数民办学校，这所学校有严格的着装要求。我们顶着每天的制服，其中包括一个非常保守的蓝色裙子，白色的衬衫，和你班得领带。在指定的"自由着装"的日子，你可以穿你想要的。只要不是太暴露或不合适。相信我，他们会送你回家，如果你违反了这些潜规则。

我是从初中就这么高的学术笔记毕业。我非常有信心，我能在高中学得好。也没有男孩，所以这不是分心。另外，我还以为男孩没有吸引我。我觉得我是超重和缺乏吸引力。

什么男孩会要我呢？成为一个书呆子，所以，对我来说成了非常容易。

我在我学校都没有跟其他女孩有问题。他们都接受了我。每个人都穿着同样的制服。在我们的"自由着装"一天，是非常重要的给人看你明白了什么是时尚。最时尚的品牌是叫 GUESS。我的现实是 GUESS 的牌子都没有做妇女的衣服适合我的尺寸。

有时我会听到女孩在谈论我的腿的大小。我听到他们的意见，我会开始想别的事情。这样不常发生。但是，没有痛苦或悲伤的感觉。另外，我并不需要任何人来帮助我做到这一点。我一直在打我自己好几年。我已经学会怎么把痛苦隐藏因为我减肥了和锻炼了。

我的父亲是穆斯林，严格附着到他们的饮食规律。准备清真肉是要杀动物有最少的痛苦。我上高中的时候，他用清真方式杀了一只鸡在我面前。我创伤了，我停止了吃肉。我成了一个素食主义者，这适合我就好了，因为我喜欢动物。

在学校里，我好好学习了也做了很多运动。我每学期做了不同的运动。最终目标是要擅长运动和减肥.

我一直在想我的体重。同样，所有的这是自我激励。我没有任何一个事件在学校，迫使我在边缘。我只是厌倦了疲惫的感觉就像我是胖女孩。我需要这么拼命做出改变，我采取了严厉的措施来看看为此成为现实。

在高中那些年，Janet Jackson 是非常有名的。我非常想要她的腹部肌肉。每天早上我醒来时，就听了她的音乐。我锻炼了，我吃都变得痴迷。我只吃无脂食品，在学校里，大部分的时间我没吃午餐，喝了只有减肥汽水。在高中的第一年，我去暑期学校，住在校园内。我一直在一个素食主义者的生活方式，瘦了 10 斤。当我回到家里，如果我的母亲把太多的黄油放在我的饭我会很生气。我住上规模。我每天早上权衡自己。如果我获得了 1 斤我会发疯。

我更注重减肥比我对我生活的其他领域，并开始显现。有空的时候，我读了很多的杂志。我想了我一点都不像瘦模特。我站在镜子前就不满意了。这时候，我的内心的声音会踢，说我太惭愧地大声说的事。谈话会是这样的："我没有嘴唇像她。我没有像她的臀部。我的鼻子太大了。为什么我不能有一个比较小的鼻子？我有比较小的鼻子会更具吸引力。如果我不像.......我自己我会更吸引人。"

我所有的功能都大了，我的鼻子我的嘴唇，我的身体。我看起来并不像在杂志上的模特。作为一个在高中时我有粉刺。该模特均无痤疮。他们之中没有人胖。他们都是完美的，我不是。

在我高二了很多事情开始变化了。我的父母分离。这是很难处理所有的情感。他们的分离影响我很多，我没有意识到，直到多年以后。

从第一天开始我的父母已经在同一屋檐下。我的父母都积极参与在我们生活的每一个部分。我不开心因为只有一个人在。我希望他们来解决他们的问题为了我姐姐和我。但我是在让他们呆在一起无能为力。

最重要的是我们必须应对家庭成员的一致批评我们的父亲在我们面前。我们在这个年龄，我们完全明白他们在说什么。这不仅是不尊重，但也是幼稚的。后来我才意识到，我对他们有很多怨恨因为他们说我的父亲。

同样，我有自卑。我确信，我是丑小鸭。现在没有人，包括我的父母，要我在身边。没有什么是我能控制的。我的痛苦是如此之深，我觉得死是我的选择。

这时候，我开始考虑自杀。我觉得结束这一切只是为了使疼痛消失。我自己的无望和绝望的深度已经完全掌握了我，拉着我这么深入到最黑暗的坑。那说实话，我相信我的大脑已经围绕一个堡垒。当我在我的手中有刀，我开始将其推靠在我的喉咙。这不是一种感觉，我希望任何人完全理解。也不是说我会永远想回到的地方。

我很感谢我高中的辅导员，一个女人叫 Helen，她救了我的命。当我告诉她我自杀的感觉，她马上联系了我的父母和安排紧急预约。

我的父母都联系了，但只有我的妈妈来了。我的父亲是知道的一切，但觉得我的母亲是更好地处理。现在回想起来，他可能不会处理情绪。

以后，我愿意多谈谈我的感受。好几次之后我终于停了下来感觉要杀了我自己。她救了我的命。但是，我还是觉得我是丑恶的。

当我 17 岁的时候，我告诉我的母亲，我想整形手术。除了我体重以外，我从来没有说过想改变我的身体。因为我长得很像她，她告诉我，如果我有一个隆鼻她的感情会受到伤害。当时，我不在乎。我只是一个自私的孩子想做什么我就会做什么。我不关心她的感觉。这些都不跟我的关系。我是我自己的宇宙的中心。

这确实打乱了我的母亲，但她知道，我还只是个少年。每次我在一本杂志看时间，我很不高兴。我没有看到任何人，长得像我，至少在一个理想的一种方式。谁想丑胖女孩？

在我高四那年夏天我母亲很激动，要我拍毕业的照片。妈妈想叫摄影师过来。当那一天来了，我终于告诉她，我不想拍照是因为我长得丑。

从我跟我妈说我想做整形手术我和她还没有谈过我的外貌了。我敢肯定，她希望我开始再爱自己。她没想到，我恨我自己已经变得更强，因为我在一个点，我不想看着镜中的自己。我想了我是又胖又丑的。

她不明白，为什么我恨自己这么多，她哭了。我从来没有见过她面前表现这么多的痛苦。

"你是我的孩子，你不丑，"她对我说了。她问我的姑姑，协助她试图SharonKay说服我。一点都不成功。我听他们说我很漂亮很肤浅，因为他们是我的家人。他们会说什么？"你看起来就像我们，是的，我们都同意，你是一个胖丑牛"。这正是为什么我不能听他们在说什么。

不用说，我回我的房间哭了很多以后。毕业照片的题目永远不会再说。

我成了一个高四学生，我不得不担心的另一件事，那是毕业舞会。到这一点，男孩子们对我没有感兴趣。在漫长的学校一天结束的时候总是有很多男孩子，等着我们出来。我们都穿着裙子和很多同学会偷偷卷起来到他们的膝盖以上。

没有一个男孩子对我说话了。我知道我是友好和传出。这些男孩子没有注意到我，没有人象我一样高和大。

我的大多朋友会参加舞会。我不想一个人参加，所以我就不去了。我的成绩很好，我在学校参加了很多不同的组。我的父母不会考虑质疑我的决定。买一件衣服，鞋子和所有附件的东西都太贵了。但我想了，如果有合适的人问我去我一定会去。我想成为特别的人，跟一跟男孩子一起去。这就是我真想要的，但我把这些感觉不给别人看。

我的母亲就开始问我有没有机会去参加误会。我怎么能告诉她我是没有兴趣去的。我母亲一直在问我，但我不在乎。我已经确定了，也不会改变。那是当她开始哭了，我不能相信。她哭了因为我并没有兴趣去我的舞会。最后我决定去（主要是让她不哭）。

我告诉她，我想穿服饰的类型（是 1998 年奥斯卡颁奖典礼，Halle Berry 穿的丁香衣服）。我非常高兴和激动的母亲没有停止寻找那件衣服，直到她最终发现是谁做的，本地的裁缝。舞会之前，我注意了我的胃口也喝了减肥饮料。我的一个女朋友给我介绍了以个男孩子带我去。一切都过得很好。我跟我的朋友玩得很开心，而且我穿得好漂亮！这一年是 1999 年，当年我毕业。我一点也不知道，我的生活会完全改变。

高中过去的四年一直是我的社会宇宙。这是我知道的。我学会了做功课，参加了活动，并有朋友。我变得更加自信，有较高的自尊。感觉就很成功。当我在舞台上走，拿到了我的文凭是我生命中最快乐的时光之一。

我的体重已上升至 190 斤。现在我已经停止了打一场仗。我的家人最终是受害者。他们不得不处理我的情绪。他们是我最好的朋友，也给我一个无条件的爱。没有他们的话，我怀疑我会一直走到今天这一步。当我毕业，握在手上的文凭是为他们和我。

我会没事的。不过，就像我不想承认这一点，我希望我不成为一个胖女孩。但是，我没办法。

19

# 4
## 谢谢 Tyra

时间到了，我跟我的高校辅导员决定去上大学。问题是上哪个大学。最终我选了上一个大学在洛杉矶的附近，这样我可以离家很近。University of California at Riverside 接受了我，我已经准备好接受这个挑战。

Riverside，加州在 Inglewood 的东南部。开车大概 1 个小时。这了的柑橘，柠檬和柚子园很有名，而且这是一个比较老人住的地方。相比拥挤的城市，这就是农村。这是一所国际大学与来自世界各地的学生。我喜欢这个很多，因为我的爸爸是穆斯林，我们一直被暴露在我们家不同民族的人。我欢迎了大学会带来的变化。

最大的变化是我不上一个所有女孩私立学校。UC Riverside 是男女同校。这意味着一件事：有男人会看我，我也会被回头看他们。

在我上学的第一天，一切都从我高中的不同。第一，我可以穿任何我想要的。没有尼姑检查我的裙子的长度，就像在圣诞节早晨醒来。第二，有男人，很多男人。第三，一切是那么分开。我会跑步到每一节课。也许，我会减肥。

又发生了。我告诉了我自己，我是不会再这么认为。我现在舒服了。新的 Amani 不会这么认为。

当我上课，我看到这么多不同的人。他们中的一些年龄比较大，我觉得有点奇怪因为我只上的学校学生年龄跟我一样。

过了好几个星期以后，我就开始习惯我新的学校。上大学感到很自然。我不知道我有什么要求，但都过得很好。没有人关心我的尺寸。事实上，我在校园里见过其他的女人跟我一样大小。

十月份我去跟朋友去校外到一个 Barnes and Nobles 书店。那时候，我买了一本 Tyra Banks 写的书名为《美：在里面和外面》。

当我长大了泰拉班克斯一直是我的偶像。她是 Inglewood 的一个美丽的女人，成为一个超级名模。我了解她，总之，她真棒。我喜欢她的另一个原因是因为她是因为每一个男人都喜欢她。我非常关注到，因为他们没有注意我，所以我感到非常难看。当他们看着 Tyra，他们想要她。当他们看着我，他们还是不看我。我想知道她会告诉我怎么会让男人开始看我，像他们看她一样的方式。

那天晚上我把那本书读完了。我不能把它放下。这就像她直接对我说话。回过头来看我真的相信这是一种精神体验。

她使用的话是生命转化。她对我的灵魂说话了。这个女人很了不起！但这些都没有准备好我的感觉，当我翻转页面，在那里，在其所有的荣耀，是她一个整版彩色图片不化妆！我不能相信！没有超级模特有自己的照片前，在这样一个脆弱的和透明的方式。她谈到她的缺陷。对我来说，她更加华丽了。那张照片，对我来说，是一个启示。

我不丑。是的，我的家人一直在说我很漂亮，但 Tyra Banks 让我感到我是美丽的。

我记得打电话给我妈妈，告诉她我不丑了。我太开心了！

"Lanore（她总是叫我的我的中间名字），你怎么可以丑，如果你是我的孩子？"看着 Tyra Banks 的不化妆的照片后，我发现了，不是只有我觉得丑。如果有人那么美丽的 Tyra Banks 可以发表自己的图片不化妆，也还是我们世界上的一个漂亮女人。那我，Amani Terell, 也可以。

我知道这听起来像我夸大。就在那一天，1999 年 10 月，Tyra Banks 改变了我的生活。我觉得我可以出去和征服世界。Tyra 教我，我不是很丑。

不过，我还是觉得自己很胖。

5
拒绝

上大学的时候我差点 200 斤。这是第一次我一直生活在我自己的。我父亲建议我上比较近的学院，这样我可以更好准备自己上四年级的大学。他没想到，我已经准备好住在我自己。我没想到，这就是一件大事。毕竟，我才 17 岁。我几乎是一个成年女子。

回想起来我当时太不成熟了。我的自尊心还非常关我的外貌。我从高中毕业后没有个人的发展。实说我的尺寸没有什么错，但在一个奇怪的方式，我相信自己很丑也超重。

这是一场持久战，我不得不打。有些日子，我会赢得胜利，但在其他日子我就会受挫。这些都是不好的，非常黑暗的日子。我不但要处理我的想法对我的长相，我还不得不应付我自己种族的人们被拒绝。这时候，许多黑人跟我说，他们不会跟黑女人约会。

为什么？

我让这些人给我他们的推理（大多是出于好奇，因为他们已经让我知道，我的肤色排除我），我发现他们的答案是，最好的是滑稽的，最坏的是神经病的。

"黑女人太霸道"，"所有是胖的"，"你不喜欢工作"，"你们都戴假发"，"你太大声了"，"你不是逆来顺受，""你们都有坏的态度。"

还有很多黑人告诉了我，我是"太黑了"或者他们只跟比较轻皮色约会了。我一直觉得这是很奇怪的，因为这些人都是相同的肤色或比我黑。

在一个更加感性的水平，黑人男子说这样的负面的评价主要问题就是：你的母亲，姐姐，祖母和许多妇女在你的家庭是黑人。说你有比其他东西的偏爱是一回事，这没有关系。但是，让我不开心因为你对我的看法是我和其他的黑女人主要的问题。

黑人妇女有很多戏剧性的事情我们必须忍受。如果你是黑人，你只能想象到。有人说你不够好是非常可怕的事情。会让很多女人跟我有一样的反应。

我停下来跟黑男人约会。

我知道可能会惊讶有些人因为我的父母都是黑人，我激赏我爸爸因为他特别是一个非常杰出的男人。然而，由于我与不同的男人的经历，我选了不要跟他们约会。那就对了;我故意不要跟黑男人约会。

为什么等待一个黑男人当有大量的其他男人？令人惊讶的，在我族群之外约会了，从来没有肤色的问题。这些人喜欢我的嘴唇，他们喜欢我的屁股，他们喜欢我的臀部，他们什么都喜欢！

我告诉我的父母的时候，我的父亲说，他不在乎，只要他们是穆斯林。我妈妈说除了白男人以外，我都可以约会。而我说，"如果我想吃香草，那我就要香草！"

在此期间，有人告诉我应该不做那样，我就会做那样。是叛逆，是辩护自己。不管是什么，告诉我不能这样做是我打算做的最快方法。

我不明白，我的父母在 60 年代的环境。我没有他们对跨种族的关系想法。这是一个非常敏感的领域，因为很多黑人，像我的母亲一样，对白人不满而且是非常有道理的。当然，我们长大了，经验丰富的种族主义，但并没有我父母长大时代那么厉害。也许，如果在大学食堂里有一个白女孩叫我黑鬼我可能跟我的母亲有一样的感受。

其实，不是这样。这些事情从来没有发生在我身上。我经历过的一种族主义有人对我说 "哇，你是一个很聪明的黑女人。" 我当然会。我的父亲是整脊博士，而我的母亲有科学的刑事司法学士学位。我应该是什么？村白痴？我不应该用别人的痛苦或损害，即使是我的父母。人们应该被允许随便约会。但是有一个偏好和伤害自己种族的成员不一样。在我们的后种族的社会，很多人不喜欢谈这个，因为它是不舒服。但是，我在好莱坞大道穿比基尼走路了，所以我会谈论人们不喜欢谈论的主题。

在这个国家，许多黑人都长大了学习如何恨自己，因为他们的皮肤的颜色。作为"太黑"或"太轻了"，是证明了这一事实。尽管奴隶制度结束近150年前，许多黑人很自觉地坚持一个社会阶层的奴隶被迫承认。这种社会分层的基础上你差点是"白人。"一个奴隶展出这些特质的方式，是因为一个奴隶主或其他一些白男人强奸了一名奴隶女人，然后有一个孩子。这个孩子通常称为"混血儿"（这原本是给马的杂交后代，哪些是不打算再滋生驴名称）。奴隶认为这是一个机会，停在田里工作，并开始在家里工作。

不幸的是这种心态还存在。你是混血儿？您在#teamlightskin 或 #teamdarkskin？这是 100 多年前存在同样的心态。除了黑人以外，一切都可以接受的，如"黑度"必须以与所有其他种族稀释为它是可以接受的。因此，美丽而成功的黑女人就不接受了因为黑男人选的是轻皮肤或不是黑人。

除了黑人以外，还有其他人会遭受。在印度有一个全国性的活动叫"黑是美丽的。"这是对抗肌肤美白和公众嘲笑的全国流行对黑女人。

在宝莱坞电影，（印度电影）只有较轻的肤色或白印度女人。这很俏皮，印度裔美国人获得美国小姐选美比赛。来自世界各地的印度人说她从没是一种美的标准在自己的国家因为她比较黑的。

黑皮肤的人来自世界各地的不得不面对这个非常现实的和破坏性的问题。这种现象不是白人会考虑。

回首我是一个情绪化的残骸。我的思维过程是不成熟的。我让好几个黑男人对我说改变我自己种族的看法。我看黑人相同的方式跟最无知的人差不多一样。

不过，这并不是说我不得不处理的现实。一个实例就非常清楚，我是战斗的战争有两个方面。

当我在大学，我有一个很好的和美丽的黑人朋友。她只是每天吃一次。她被吸引到亚洲男性，并深信他们只首选瘦，娇小的女性。我记得跟她争吵，因为我觉得只有一个每天豆卷饼的饮食太厉害了。我想这与我共鸣这么深，因为她跟我一样。

我们都跟食物有不健康的关系。

我一直很喜欢吃饭。我不是那种女是个胖子因为她的母亲是脂肪，或因甲状腺问题或因药物。我是个胖子因为我喜欢食物。我是个美食家。没有什么我不喜欢，我就吃了一切。我选择的食物是民族的食物。我爱牙买加，地中海，中东，意大利，克里奥尔语，埃塞俄比亚，灵魂食物，秘鲁和韩国菜。长大的时候我的父亲去过了很多地方。他总是暴露我们不同的美食。因此，在早期，我的调色板变得习惯于非常异国风味。就不够说，我有食物不健康的关系。

我的朋友每天吃一次饭，还与食物不健康的关系。但她试图赢得一个男人的吸引力。我的跟男人没有关系，这是不是更好。我的是连接到我的情绪福祉。如果我很伤心，我就吃了。如果我很高兴，我就吃了。如果我感觉沮丧，我就吃了。这是我的终极情感拐杖，我很少见了一个我不喜欢的菜。

我终于遇到了一个人，他和我开始约会。他从伊拉克和拥有自己的挡风玻璃维修业务。他很客气，又注重了我。我们的路径有很大不同。他是来自中东部和我是美国苹果馅饼还是桃子馅饼。他了解我了。我以为我们做了一个非常好的关系。直到有一天，他说我胖。这是一件事，我能自己说我胖，但是当别人这样做，而且是你喜欢的一个人，疼痛是深的伤害是真实的。

我真的受伤了。所有的自我怀疑的声音，我一直非常努力地试图平息所有的复出，这一次与复仇。
"你在想什么？""没有人想要一个胖女孩。""哈，哈，哈。我告诉你。""你不值得！"

只要他开始取笑我，我的体重我们的关系（或不管是什么）消失了。我很心烦意乱，因为这是第一个男人我让自己脆弱。

这是非常痛苦的，但最终，我活了下来。然而这让我去自己的安乐窝，食物。我再次开始发胖，很快我在超过 200 斤。

我的生活改变了这么多。我年纪越来越大，同时我的父母。我成了一个成熟的成年人，变得太习惯于失败。

人们不知道我不上课。我的自由是一种负担。我的约会生活就不存在的。

然后我放弃了。我在 2001 年离开了大学，只有短短的两年上学。我艰难决定搬回家。

现在，什么都不好。

# 6
## 胖子

"喂胖女孩，来到这里，你怕痒？是的，我叫你胖，看着我，我很瘦。从来没有阻止我做爱。" Digital Underground Sex Packets

"你好，我的名字叫 Amani。我胖。" "你刚才说......胖吗？" "是的，我说了。我胖，我知道了。"

这是我在我的脑袋每天都在交谈。人们不常叫我胖。有很多时间过了让我看镜子有舒服的感觉。这就像吃坏药的味道，这将使我更好。我想成为对抗嘲笑和监督更强。我想成为对抗耳语更强。吃这种药确实让我更加坚强。这让我更坚强。让我帮助自己。不过，我希望我不用吃。

也许这是一个聪明的（或不那么聪明的）防御机制。我想，如果我是对自己说，我就不会在乎别人说的。许它不会伤害。这不是真的。三个男人告诉我，我的体重别让他们跟我有关系，这每一次就很伤害。我想确保我永远不会再有这样的感觉，所以我不甘心，在我深，我将永远是脆弱的那句话，或任何字。

所以，胖是什么意思？

Merriam Webster's 字典上说以下内容：胖：形容词：有对你的身体有很多多余的肉：具有大量的身体脂肪：具有十足，圆润的形式

今天，我们常常更注重感情，而不是真理。现在，请不要误解。我的意思是注意人们的感觉和尊重一个人的敏感性。我的意思虽然是要了解一个人的情感福祉。有时，真相成为牺牲品和药物变成了安慰剂。我的一点的情况是，我们现在用它来形容女人是胖的术语。我相信，他们已经做了更多的伤害，并帮助创造了身体问题。

许多妇女，使用诸如"厚"，"大骨骼"，"曲线美"，"丰满作为烤，比大多数厚"，"妖娆"，"厚于一个特大号 Snicker。"虽然这些话让我们感

到社会所接受，事情的真相是，有很多女人用这些过于浪漫化的词语来形容自己从自己的感情隐藏。我知道。我以前是这样的。

多年来，我相信自己不胖，我是"厚"的。在我心中的一切，我需要的是有一个大屁股和大腿大。

真的吗？

我忽略了我的松饼顶部。会变得更好（或更糟）。由于我是"厚"，我不需要做任何类型的心血管系统锻炼。为什么？在我的心中疯狂，我以为做心脏会让我的屁股变小。

在人前我把这个门面，我是"厚"而自豪。但我不好意思，我的体重比我的男性朋友更大。我一米六十五和超过九十公斤。我所有的男性朋友们一米九到两米，八十六到一百公斤。

有一天，我跟一个朋友一起玩的时候，他要把我拿起来玩耍。他可以不接我！我是超越尴尬。我感到屈辱。我赶紧告诉他放我下来，因为我不想打破他的背部。

有一个晚上，我决定跟好几个亲密的朋友去当地的狂欢。这是一件大事，因为我从来没有去过，总是在最后一刻改变了我的想法。今年我并没有这样做，所以我们都很兴奋。我们决定一起坐摩天轮。每个座位允许2人。我的朋友和我等到售票员来让我们用安全带。他试了好几次，并不能。我很伤心，我跑了入停车场哭了。我太胖坐摩天轮。

那天晚上，我对自己想了，我不是厚的，是胖的。

8号或22号的大小是弯曲的？当人们鲁莽他们造成伤害。我不是一个类别。我是女人我能收到实话。假设我不能比说我肪多侮辱。

这使我想起一个非常令人不安的趋势，最近有人tweet我一下。有一个白人女子最近tweet"不用担心你的体重。黑男人爱厚的女孩"。这里是我的回应："不是所有的黑人男人喜欢胖女人"

我回答这么快，因为把所有的任何一组，在这种情况下的黑男人，到一个类别就不公平。很多女人的看法是，"不用担心，如果你发胖，黑人会想你的。"这种看法是不仅限于黑女人。我听见了从不同种族背景的妇女，坦白地说，我不知道这种观念从哪来。我胖了，相信我，我没有很多男人在敲我的门。尤其是黑男人涉嫌对我的身体类型的偏好。当然，也有一些黑男人，很喜欢厚厚的妇女，但厚厚的和胖的非常不同。

以下是我已经认识到一些事实：

• 我们的社会是痴迷薄。教练，现在是名人；
• 女人身体是社会要批评的

女性，尤其是胖女人，允许这种情况发生。我们会做任何事情，以避免别人说我们是胖的。
有些妇女否认这样，就疯了。是的，精神病。这就是我喜欢说的 "胖女人的规则。"
你有没有撕裂的尺寸标签脱掉你的衣服，因为你不希望你的女朋友看到实际的尺寸是多少？你有没有就拍了你的乳沟和脸？你有没有就拍了你的嘴唇，眼睛或脚趾，并张贴到网上？你只有这样的照片吗？你有没有开通了网络，并发布自己（又名小猫钓鱼）的老照片，因为你体重少了？有没有做过这样？如果你还没有做的话，你不是生活在一个胖女孩的世界。可悲的是，如果你从来没有想过任何这些"胖女人的规则"那么你就不了解。

有很多女性不这样做的。不幸的是，此时在我的生活中，我做了，但是以不同的方式。我拒绝发送照片，我一直坚持亲自见面。最后，我希望他们会看到我的个性，而不是解雇我，因为我的体重。

这里有一个很好的例子。我在网上认识了一个人。我想见面。在此期间，我是一百多公斤，我开车一路到 Orange 区。他在人很不错，我认为我们友好的关系。我下一天发给他短信，她没有回答。回首这是经典的"我要对她好，而且不告诉她我没有感兴趣，希望她会得到提示"。我在上网认识了另外一个人，然后我们同意了在咖啡馆见面。我给他发我的照片在比基尼泳装。在我送他的照片，我的体重一百十三公斤。我们交换了电话号码，他发短信给我，问我穿什么衣服让他容易找到我。我等待着最后他发短信给我，说他离开是因为当他看到我，他觉得我太胖了。他觉得我比我的照片是人更大。在我生命中我是非常诚实的。我给他发的图片是我的胖人在洛杉矶的页面上。我没有说谎。我被击碎了，因为我当时花时间穿黑色让自己看起来更瘦。

没有影响，我们没互相认识。

每个人都希望被听到。每个人都希望被察觉。就像开场曲为电视剧Cheers 说，"有时候你想去那里每个人都知道你的名字，他们总是高兴你来了。"他们觉得有必要吸引人们，特别是在约会的世界。

在一个瘦小的社会，我总是被忽视，只是因为我的体重。已经很难在男性主导的社会中当女人。超重，就像用一个无形的毯子覆盖自己。

如果你很胖，那么你理解无形之中。这是没有乐趣。人们说我胖了，但告诉我，他们在谈论别人。我认识一些女人是非常情绪化，没有自尊，但在我的面前说，"我不胖。如果我是胖的，我会杀了我自己。"

真的吗？

很像他们说："好了，因为你自己做了你不应该难过。这不是我的错，你是胖的。没关系。"

我认识了一个男人，他说我真的很甜蜜，漂亮和有吸引力的。我们继续有一个伟大的交谈我们都非常享受了！不过，所有这一切结束了，因为她说"

"我喜欢你，但是你太胖了。"

什么!!!!!!???????????真的吗!!!!!?????你刚才说你喜欢我了！

（我永远不会再打电话给他。三天后，他打电话问我在哪里。因为我胖，他会给他打电话。很多人认为他们可以谈论任何一种方式向胖女孩，就像我们没有感情。是的，我回家哭了，但我没有让他知道。）

这些类型的评论不只是仅限于男性。女人，不幸的是，很多更猛烈也会取笑你。

通过我所有的努力去找到足够的关于自己的爱，我不得不保护自己。因为我的体重女人会伤害了我的情绪和心理上的。 这很疯狂。

这不是秘密，女人审查其他女人更严格比男人做的。更瘦的女人有一些最大胆，最疯狂的评论遇。

下面是一些瘦女对我说最疯狂的话：

"如果我长胖了，我的男朋友也不会吸引我。"
"她有一个婴儿？"（这是一种有害的侮辱，因为影射的是，我胖了，因为我有一个孩子，而我没有。）
"胖女生只能得到男人在午夜后"。
"如果男人没有什么要求，他就会跟胖女人约会"
"多么可爱，他们是一个完美的 10"（我一直觉得这是一个胖女人站在旁边的一个瘦瘦的男人，胖女人是零和瘦的男人是一作为一种侮辱。）

**最离谱的事情有人对我说是：**

"我会让自己掉下去楼梯。"

是的，这些东西真的对我说。不能相信。可悲的是我希望我能说这是都假，没有这些可怕的事情发生过。

但是，**什么是更离谱**，都是一些评论，其他胖女孩对我说。你不会相信其中的一些。它们如下：

"我不胖。我是黑大。有一个区别。我的体重均匀分布"。
"我从来没有约会肥佬"。
"女孩，我有一个漂亮的脸。我不胖又丑。"

还有那个胖女人之间发生的另一个现象，那就是我叫"我还是小于。"许多胖女人相比自己的体重跟其他的胖女人。

"我是一个大小 16.我没有那么大了。"

你不能怎么说。无论你是胖的还是不是胖的!!!!!!!

同样，这些女人的体重像我一样。这是可笑的，这是可悲的。

最后，是衣服的尺寸。这种情况在瘦女人社区也在胖女人社区。

更可接受具有较小尺寸。如果你瘦更希望的是一个大小 2-6。为什么？我不知道。我听到了一个大小 4 号的女人对一个大小 10 号的女人说她胖了。同样，在胖女人社区一个大小 12-16 号比大小 22 号的更好。

BBW（大美女）社区视为是一个小 BBW，还是"没那么大。"

很多女人不谈论，但这是我们的现实。

我们是什么时候开始那么不礼貌？

还有另一种斗争。这是当一个瘦小的女孩有脂肪女朋友，吸引更多人的现象。我听到女人说："如果你想吸引更多的男人，让自己有些胖的女朋友。"这是因为他们站在胖人的旁边看起来更可取。但是，让我们说实话。这不是只有女人是有罪的。我听说过的人说，"每一个胖女人都有性感的女朋友"。男人说坏的东西太多。他们怎么说呢？我很高兴你问。

歌曲查看歌词叫 "你和你的朋友"（Wiz Khalifa, Ty$, and Snoop Dogg）。Snoop Dog 唱，"我要可爱的一个，我要胖的一个，她会付给我她的钱，我在找一个 Jennifer Holiday"。

男人也会这类剥削。

我现在是一个自信的女人，我知道我需要减肥。

有一件事情让我了解在我的意识，关于我和我的体重很消极的。

我在网上认识了一个牙买加的男人。他是从纽约来的。我们说了很多话，然后他说他想见面。这是非常令人兴奋，因为我觉得他已经认识了我也喜欢我。他买了机票到南加州，我们订了一个时间见面。

他看过我的照片是当我的体重是 90 公斤。当时我是 104 公斤，从来没有告诉他，我的体重增加。
我们见面之前，我怀疑我自己。要去看这个真正的好人，后来我就不能去看他。

为什么？因为我太害怕，如果他看到了就会觉得我更胖。他会拒绝我。那时候我不能再接受更多的排斥反应。

到今天我们还在联系。他现在结婚了，我们在 Facebook 上联系。他从来不知道我为什么不去看他。

好几年前，有一个男人从尼日利亚来的。他很高，皮肤黝黑，很帅，也有一个完美的微笑。但我们不能在一起。我对他不生气然后有一天他联系我了。现在我们都年长，更成熟，觉得可能会做男女朋友。我期待着直到他问我最可怕的问题："你还是胖了吗？"

我很震惊。你怎么会问一个女人这样的问题？"是的，我更胖了，"我说。（他不能跟我打个招呼。我马上就不自信。）他永远不会再发短信给我。

哎呀，你在这里 !!!!

在我目前的自爱到达目的地一直是一项艰巨的，有时是痛苦的旅程。为什么？因为爱让我告诉自己，是的，我能进步。我要减肥，因为这是我的真心话。

我减肥了以后，我会很吸引人。以前，男人对我没有什么兴趣。如果你不能看到我，那么你不配认识我。

这不是你的错。不要误会我的意思;并且，让你了解这一点非常重要：你可以当模特还是要很瘦。
这不是我想要说。在事实是虚伪的。

我见过这么多的瘦女人，他们告诉我，他们一点都不自信也恨他们自己。他们讨厌自己的身体和做可怕的事情。没有人愿意谈论超瘦女人。没有人在我旁边，许多女人都告诉我，他们希望他们会跟我一样自信和爱自己。是很悲伤的。

我理解这些女人痛苦和无奈，但我羡慕他们。不是因为他们的斗争，是因为他们的新陈代谢。

我知道是基因。我从来不会有大小 2-4 号，这是没问题。但是，我身体不会这样是因为我没有一个瘦女人的新陈代谢。

当我看到或闻到食物，我就长胖

我没有办法。很重要注意我吃什么东西。

因为我是一个胖女人，人们认为他们能仔细检查我吃什么，像他们帮我一个忙。

我很喜欢吃印度菜。我的一个朋友带着她男朋友到一家印度餐馆，我们经常去的一家。餐厅的老板走出来了，问我朋友我最近在哪里，因为那天我不在。他告诉我的朋友，"他们（我）经常来吃很多。"我的朋友是羞愧的也很不高兴。从那时候，我们不再去那家餐厅。

有一天，我姐姐的一个朋友带我们出来吃早午餐。我点了两个菜，一个是我的煎蛋卷，也有一些其他的选择。我们点的菜到了以后，很声音说："哇，你可以吃很多东西。" 我只想把饭吃完了，然后离开那边。我非常的不好意思。我希望我能消失。

我真的很讨厌经典的问题是，当我不是非常饿了，我吃了沙拉或小点心。人说了一句 "哇，你必须有甲状腺问题，" 或 "是什么让你那么胖，你不要吃多吗？"我受不了了！他们也不健康。我不明白。我作为一个专业的减肥着，体验了长胖和减肥的高点和低点。我对别人的情绪很敏感，因为我不敢让他们很悲伤。

我不会做：

- 当有人让你知道他们在减肥，我不会变成卡路里计数的警察，质问他们有多少卡路里是　　　　　　　　在他们吃的食物。这是非常麻烦的。

- 当有人让你知道他们在减肥，我不会成为美食家要他们跟我一起去吃饭。

- 开始减肥，我不会嫉妒他们。我会鼓励他们，他们的成功对我来说并不构成威胁。

- 当我终于开始减肥，我不会开始跟人没有我一样成功说坏话。当人们减肥或得到减肥手术，然后说胖人坏话。我就受不了。

但是，再说我胖了。我名字叫 Amani Terrell, 是的，我胖了。

7

胖子购物

我非常喜欢购物。大多的女朋友在我的朋友圈都喜欢购物。就是一个刺激。但是，当你很胖，购物可以成为一场噩梦。

许多商店的售货员认为，因为你胖，而你走进去他们的商店，原因是因为你要卖东西。像动物跟踪猎物，就开始跟着你走。大部分的售货员不隐瞒，当机会出现，猛扑过来。不，他们批评我，就像你在他们店里呼吸厌恶他们。你可以感受到的紧张气氛。他们要打算做什么，但不要明显。

他们总是很明显。我觉得。

然后是这样发生的..

因为他们在用自己的双手在他们面前的笨拙紧握，像他们很抱歉，他们用一个响亮而讨厌的声音对我说："我们没有大的尺寸。"我一点都不想买他们的衣服。

几年前，我去了南加州的一个小区叫小印度去购物。在 Artesia 的城市，有一个大的印度人口。我要准备买一件衣服过排灯节，是印度教节日也叫灯节。

有很多商店，过了一些时间我找到了一个商店好像有好看的衣服。我的信用卡在手里我走进去店里，有一个印度女人看我的脸，告诉我，在一个很反感的口音，"我没有大的尺寸。"我和我的朋友都说不出话来。我只是想去买东西，为什么这位女士觉得这是她的工作会如此粗暴无礼？当时我是 90 公斤，完全羞愧。

多年来逛街买衣服一直是我的噩梦。有时候，你知道什么衣服合适不合适。但是，当你到了商店试试看你就很反感，因为不是好看的样子。在平原来说，你实穿的尺寸比你以为你穿的尺寸要大得多。我在很多更衣室就哭了。我穿着大小以为是比较小（在很多商店，我是超大的尺寸）

很多大尺码服装店里没有衣服适合我。我有很大的上臂。你可能会认为超大设计师会做衣服是在上臂更多的空间。相反，我平时买是一个比较大的大小还是我的上臂总是看起来像香肠。

我很欣赏，有网上零售商，提供更多的选择。超大的市场是一个数十亿美元的产业，但在零售行业忽略了超大妇女的需求。当你走进像沃尔玛商店感觉就像超大衣服就在那里让他们说有一个。这些衣服难看。好像我们想看起来像老妇人去教堂。

同样，当你走进去 Target 的超大尺寸的选择是不可见的。每次在 Target 我经常大声嚷嚷"无论是我瘦还是我怀孕了。"当我去 Sears 我问收银员那里有超大尺寸。她回答说，"我们没有一个超大尺寸段。"尺寸都在一起。找到合适的"尺寸就像找复活节彩蛋一样。

我想让全世界知道，请注意：因为我胖，我不想穿土豆袋子。主要原因是为什么我要我自己的服装牌子。女人跟我有一样的尺寸需要好质量和实惠的服装。

我们不应该只是隐藏，因为我们不是一个大小 2 号。还有一件事我喜欢叫购物黑色。购物黑色是当你买的衣服都是黑色的。我习惯穿黑色很多，人们会经常问我如果我去葬礼。所有的女人知道，黑色让你看起来比小。

最后，当然还有臭名昭著的"超大号的样子。" 我常想，让我看起来更小，有很多的衣物遮住鼓鼓的部分。我们的目标是让自己看起来更小。是吗？穿着大衣服让我看起来更小吗？他们，其实，让我看起来更大。

# 8
## 被子的洞

"关灯，点燃蜡烛。" Teddy Pendergrass

几年前，我不能点燃蜡烛。肌肤上的光就厌恶我。

我有一个朋友，一个胖子，总是穿着衣服。他的女朋友从来没有见过他的裸体。我认识另外一个胖女人。在她自己的房子，在镜子前的时候带着被子。她要确保她从来不会看到她赤裸的身体。就是说，她感到很厌恶。

这是非常敏感的话题...做爱。有镜子在你的前面你不能脆弱的，你怎么能跟别人脆弱？RuPaul说了，"如果你不能爱自己，怎么能爱别人？"

作为一个胖女人在洛杉矶，我注意到没有很多人在敲我的门。我父亲总是教导我说，男人想要一个目标驱动的，聪明的，甜的，有趣的，善良和忠诚的女人。我知道我都有也是很特别的。男人并不认为我是有吸引力的。每一个我喜欢的男人就不要跟我在一起。这让我感到悲伤和孤独。对我来说，变得更加困难体验真正亲密的人。真正的亲密关系从内部开始向外辐射。那时候，我不明白这个道理当成一种习惯；我会在夜间请男人过来。他能看到我的全身之前，我会把灯都关闭。他看不到我的身体，但他能感觉到。

一直就很疯狂。

被子的洞是一个隐喻。是壁，做爱的时侯，有些人要选通过浏览。这是深刻的身体形象问题的结果。是的，我个人认识一些人他们做爱的时侯就不完全赤裸。也有一些人生孩子了，但是从来没有体验这样一种亲密的感觉。因此，被子的洞。

9
父亲什么都知道

辍学后，搬回家，这让大家大吃一惊。辍学后，我故意没有马上搬回家，因为我不希望听到可怕的"我告诉你，"从我的父亲。他敦促我上一所社区学院，不要上四年大学。

就像在 60 年代和 70 年代老的电视节目叫"父亲什么都知道。" 我的父亲真是一个很聪明的人。那时候，你不能告诉我。如果你说了我会一直予以否认。我是无辜的，不明白生活在我自己。去上课变得非常困难，因为，嘿，我可以自由地做任何我想做的事。有没有老师检查了我，没有人给我的父母打电话。我住在我自己就是我自己的女人。有人说，如果你给一个人绳子的话，他们可以做两件事情; 上吊自己或成为一个牛仔。

我肯定自杀了。

我不在 UC Riverside 上学，过了很多年就很痛苦。在 2004 年，我搬回家了，我更胖了。我是更大的和我的父亲，虽然他本意是好的，跟我说了一句话，"你更胖了。" 像在我身体上有一块巨石。

他为什么会负担我的耳朵，告诉我很明显的事？很多我的旧衣服就不合适我。我已经辍学，已经很难过，因为我是个聪明的学生。我对大多的男人有兴趣，好像我不存在，现在我的父亲说我胖。人们没有意识到，他们用的话真的很难听。我不想，或者需要，听到我父亲的那些话。我知道，他以为他在帮我，因为，在我的整个生命，他一直非常严肃，我总是会回答。

我和他有很大的区别。他一直在锻炼身体，从我很小的时候就开始了。他的生活方式比我很不一样。减肥，他说，很容易。但是，这不是我。事情比这更复杂。我是一个女人，我心里很难受。我的翅膀被打破，我需要我爸爸来修好，这样我可以走出去，再飞。我真的，真的希望他会怎么说，可是，那时候，我没有听到。

在这个时候，我要开始注意我的体重。我不想再听到人说"胖女孩"。Tyra Banks 让我发现，我是美丽的，我是自信的。对我的整体外观我开始觉得非常舒服，有信心。而且，如果 Tyra 说了，那么必须是真实的，对不对？

但我的体重是一个完全不同的事情。有时，我觉得它有它自己的身份，就像那不是我的一部分。不幸的是，这是人们会容易看到的。我想大声地说，我是更多的。问题是我是个胖子。

另一个问题是，我变得懒。上高中的时侯我是非常精神的。现在，你给我钱我不会参加健美操班。我以为有时候走了一段楼梯或走路就是锻炼。我会说服自己，我可以减肥，而不是这样做的老式方法。我的意思是，谁愿意出汗也会很累？这就不是好玩的。

我的一个同事打针了，她减肥了。这吸引了我，因为我不用锻炼还是会减肥。
我承认。我不想努力锻炼因为会很难受。特别是因为我那么胖。我能打针就减肥吗？我拿到了电话号码，马上就给他们打的话了。有人接了我的电话，然后我们等了一个时间让我去看医生。我感到非常兴奋。最终，我会减肥！

不用说，没有影响，而且打针很贵。我瘦了 9 公斤。我没有再做，我又变胖了，也更胖了。那时候，我认识了一个有吸引力的黑男人。但他骗我了。我还是很喜欢他。

他骗了我。他跟另外一个女人在一起，她怀孕了，双胞胎。我彻底绝望了。

就好像这个悲剧还不够，我看到了那个女人的时候，有坏事发生。

我们吵起来了。是啊，我，Amani Terrell 打了一个女人。这就像一个 Jerry Springer 电视节目一样，这就是乱七八糟的事。

打架一后，她打电话给我。我们在电话上交谈，她承认，她知道我是谁。不过，据她说，这个男人一直说我只是一个胖女人。我没开始哭。然而，我想哭死了。我从来没有被如此羞辱。我就很伤心了。以后，我又回去看他。

后来，他去坐牢一年。他被送往监狱设施，离我家开车45分钟。因为我要见到他，我早上两点离开我的家。这样我3点到。我来得早，所以我可以在监狱门外等。到了那里就已经在我前面等14个人。警长不允许在停车场停车营业时间之后。

我把车停在当地的杂货店停车场，我的闹钟定到早上6点。上午8点监狱会开门。很多时候，我并没有2点起床，我只想睡觉。

一个囚犯的女朋友告诉我，如果我迟到了，我可以检查监狱网站上，能知道他有没有另外客人来看他。他一直有另外客人来看他也一直是女性。当我质问他，他就总是说这是他的"奶奶"。我相信了一切。

我每周给他写的信。在我的发薪日，我要送他钱。我给他钱让他给我打电话。我会听一个电台节目有很多人打电话给奉献入狱的亲人。我会坐下来追忆只有他和我分享美好的时光。我是忠实和说服自己，我是真正爱上了这个男人。现实的情况是，我没有任何其他选择。有一天，我的一个朋友给我打电话，看看我在做什么。她告诉我，她很担心我。她接着说"我要告诉你一件事可能会伤害你的感情，你可能不希望做我朋友。"我听了他说什么。

"当他出狱，如果你不看他的那一天，他有了别的女人。"后来我发现，在监狱里很多男人都有多个女朋友。

果然，当他从监狱获释，他不给我打电话。我没有看到他，直到他的发行日期后一周。我不停地检查监狱的网站，希望他还在那里，但作为年轻不懂事我仍希望我的朋友只是恨我。最终，她是一个真正的朋友。爸爸问我，如果我是绝望。"如果你需要一条裤子，我可以带你到市中心的服装区买你一双，"他说。

他是对的。我绝望。没有人要我，因为我的体重。我还是愿意有15分钟探监。

以后，我没有约会。就不值得让我自己喜欢一个男人。这个男人活说我胖了。我是个胖子，那就是不会很快改变。我知道了。每个人都知道这个。

当我还是一个年轻的女孩的时候，我妈有一个警察的朋友是同性恋。她是非常好的警察，并没有试图隐藏自己。她有爱人，生活过得很开心。她不在乎别人的看法。她有她自己的生活。

我开始适应了同样的态度。我就开始不在乎别人的看法。我不是一个东西，也不是一个商品。我是一个女人。

有时我没有得到它。有一天，一个朋友的车停在一个加油站然后我去帮助她。当我到了那里有一个陌生人帮助她，并礼貌。我开始跟他说话了。我的朋友很短，身材娇小。他告诉了她，她很小，然后转向我，说以下内容：

"你大了"

真的吗？傻瓜！

那时候，我认识了一个阿尔及利亚的男人。他是太妃糖的肤色，用淡褐色的眼睛和性感的口音。他非常迷人，非常，非常细心的给我。我们在一起的时候，感觉就很深。我们关系就非常好，过得很开心。他是真的喜欢我。他接受了我的长处和自己的弱点。我在他旁边，感觉很安全。我恋爱了。没什么会对我们不好。

浪漫与激情的难忘的夜晚之后，他问我一个问题。"你喜欢沙拉？""为什么，"我问他。"你应该减肥" 他回答说。

我体重是 113 公斤;我刚刚决定经过多年的忽视和痛苦再次打开我的心脏，我哭这么辛苦，我无法呼吸。他变得非常关注，抱着我，说他很抱歉。他不明白。损害已经造成。再次，我的体重是一个大问题。从那以后，我建了一道墙保护我的情绪。我们马上就分手了。

我的家庭开始关我的体重，而不是直接向我。他们去了我的母亲，开始问这样的问题"她郁闷了，她是没事？"真的吗？

如果他们想知道我的东西他们应该问我，不用问我的妈妈。最好的部分是他们都超重！我不喜欢这样的人，我对他们很生气因为不公平问我妈妈这些问题。这就像她在证人席上，他们是检察官。

通常，当一个人长胖了，他们知道。他们意识到他们的衣服不合适。你能做的最糟糕的事情就是问别人为什么他们体重那么胖。

别做！

# 10
## Ruth Terrell

2010 年 4 月 1 日，我的家人注意到我的母亲开始减肥。我们都很开心！然而，虽然她减肥，她开始说她吃一些东西肚子疼了。她开始做一些办法就让他舒服，以减轻疼痛。我姐姐的生日是 2010 年 4 月 10 日，我们去了一家餐馆，但这时的母亲越来越瘦。每个人都点菜了，但我的母亲只点了西兰花和一小块鸡肉。我就知道了会有问题。我们求她去医院，以确保一切正常。

她的医生做了活检。我们都等待着结果回来，就知道是不好的消息。她被诊断出患有胰腺癌。

我没有让我的家人知道，但那天晚上我哭了。我朋友的祖父就死于他有胰腺癌。我知道那是最痛苦的癌症。五月我姐姐给我打电话，告诉我，母亲不想去看医生。她一直在流血。我立即驱车前往我母亲的房子。当我走进大门妈妈对我说，"Lanore，我不知道她为什么叫你。我很好。我不去。"我对她说了，"你一定会去，我自己送你去。"我们开始吵架了。我的母亲是非常传统的。她说什么就没有受到质疑。我们决不允许质疑她。但我没有注意听到她刚才说什么。她一定会去医院。

我们到了医院以后，医生告诉我，妈妈需要住院。第二天，医生告诉我们，她的器官被关停。

只有六个星期前我们发现她得了癌症。当医生离开了她的房间，她哭了起来。她说："你为什么这样对我？"我唯一能做的就是坚强。我非常那过。这是不公平的，我的母亲很痛苦，生病和死亡。就不公平。事情正在发生得这么快。我感到空虚也很寂寞。但是我没说。

三周后，医生让她出院，她可以在家里。他们没有别的办法帮助我的妈妈。

我从来没有告诉我的母亲我的感觉。我知道她知道了。一位母亲知道她的孩子。有一天，她让我坐在她旁边要跟我说话。我在她的椅子上坐了下来，过了 5 分钟，我哭了起来。我只记得她抱我了，告诉我他没事，也照顾我姐姐。

那是最后一次我和我的母亲谈话了。不久，她的身体已经恶化到她不得不再去医院。这是 6 月 15 日，2010 年。6 月 18 日我的妹妹从大学毕业。当她收到她的文凭我的电话响了起来。这是医生。"你的母亲身体非常不好。我们需要你的授权让她死。"

太难受了，看着在舞台上我妹妹接受她的文凭同时有医生要我的授权。我开始在走廊外哭。我知道我的姐姐打算找我，所以我眼睛红了就快进去礼堂。我和妹妹离开了毕业，并送往医院。我们到了那里，她已经不省人事。我记得，当她还活着，她告诉我她不希望用机器让她活着。我们有一个家庭会议，决定让她死。我不想看到她受苦了，但我不想让她走。很难看她在那里躺下来，毫无生气。我知道她会想要这样。我让医生做好。医生安慰我，会很快。

"这应该需要 3 个小时。我们可以让她舒服，"他说。

我觉得我妈妈很强或者她不想离开我们。但是，过了 6 个小时，她就去世了。

母亲 2010 年 6 月 19 日晚上 8:30 去世了。有一些日期，你永远不会忘记。

越来越多人知道我妈妈去世了。公安部门要协助安排葬礼。这个时候，我认识了很性感的警察。他是一个高大的，有教养的"香草"，肯定我会喜欢。

母亲的朋友都跟警察结婚了或者约会了。根据他们，跟一位警察结婚就像彩票中奖。好处包括他们有良好的信誉，工作稳定，福利，地位和养老金。不好的是，他们是狗......花花公子。

很多我妈妈的朋友都锻炼了身体。为什么？因为他们知道有一组女人叫"Badge Bunnies"就会跟警察约会。她们不管这些警察有没有女朋友或者结婚了。我妈妈的朋友知道这个，然后就会跟她们丈夫很热情。有一个朋友非常注意她的热量因为不要胖了。

我送给性感的警察写一封电邮，告诉他，他帅死了。他对我很礼貌，说我让他脸红。但是，他对我没有感兴趣。老实说，我没有吃惊。大多白男人比较喜欢健康的女性。不过，我不知道他喜不喜欢巧克力。

他不要跟我约会，其实他一直做了我的朋友。舅妈在葬礼说，"每个人都在葬礼就不会当朋友。"我讨厌承认，但她是对的。

母亲去世后，她的很多"亲密朋友"告诉我，如果我需要什么，就给他们打电话。"真的吗？我了解有一些关系不会一辈子的。

在所有的妈妈的"朋友"性感的警察和 Edmond Woods 先生（R.I.P）非常在乎我们。Woods 先生每个月都打电话给我，直到他去世。他总是想知道，如果我们需要什么，如果我们都过得好。同样，性感警察总是回答我的电邮。最好的是，我母亲去世了以后我认识他了。我很感激他支持我。

然而，对我来说，我是女人，我想要多一点。我想他被我逮捕或玩游戏叫警察和小偷。女人，我知道你们都要跟警察做！

母亲的葬礼后，我才真正开始思考她的死亡。她死的方式就是一个惊喜。我知道我不应该怀疑上帝，但为什么我的母亲？当她死了，我是124 公斤。我有压力就会吃饭，所以压力更多我对食品狂欢，这是我真正算作一个祝福。

除了我的朋友和家人，我没有别的人。我不想找男朋友，但我需要一个人我能谈论事。我习惯每天晚上睡觉之前哭。母亲去世已成为房间里的粉红色大象。我们只是不谈论。这是一个非常敏感的话题。我们还没有买她的坟墓基碑也我们都还没有参观了她的坟墓。

我的祖母一年前去世了，她死了我有时间准备自己。在另一方面，当我的母亲去世了，我们只有 6 个星期。没有时间能准备我的感情。就像从我的脚下意外扣动了地毯。不管是朋友还是敌人我不希望人会体验这种情况。

从 2010 年到 2013 年，我没有感情。在 2013 年，我跟以前的一个男朋友从萨尔瓦多再联系了。他很甜美，善良，有爱心，和保护。我们都高兴。我们经常会怀念我们所有的快乐时光。有一天，他说了一句话，但我没有听的很清楚。我让他再说，他平静地说："我喜欢你更小。我被你吸引，因为你的形状。"我回答说，"又发生了！"

我走进去他的衣柜里拿了他的体重器。我用了一下，并大声说"113公斤！"

"如果你不想和我在一起，这很好！"我发现了我变得更舒适也会信任我自己的情绪。在那之后，我对他的感情变化了。我不想在他的旁边。我想一想，我一直觉得他只是跟我直到有人是比我瘦的会走过来。

我觉得自己就是替身。

是一个很痛苦的旅程。我并不总是能穿比基尼到好莱坞大道走了的Amani。我的声音外没有一直的信任和支持的。我可以帮助其他的人之前，我必须学会帮助自己。容易吗？没有，但我觉得我的故事可能会给一个人影响。

也许有人跟我有一样的经验。也许有人爱过，但没有人爱他们。我有很多经验，我了解。当与另一股编织的绳索是强多了，我知道这是真的。生活就更容易跟人在一起走路。也许你的目标不是走好莱坞大道穿比基尼。

你目标可能是大一点。

你好，我名字叫 Amani Terrell 我是一个很漂亮的女人。

结论

你可能想知道我最近在做什么。从我在好莱坞大道走路，我已经出现在全国电视午间访谈节目。一个好处是他们提供给我一个教练。他在 Redondo 海边有私人健身房叫 Core Fitness。我到现在还在 Core Fitness 锻炼身体。

在我们的第一次见面，我体重是 127 公斤。我就吃惊了！我以为我是 118 公斤（这就是我告诉记者…哎呀！）

我的旅程有好的天也有不好的天。我现在体重是 95 公斤。这是正确的，我已经瘦了 32 公斤！真的很辛苦，但我会一直做。

再见！